北欧を愛する
すべての人へ

リサ・ラーソン展
Exhibition Lisa Larson

ごあいさつ

このたび、北欧の人気陶芸作家リサ・ラーソンさんの代表作を一堂に集めた展覧会を開催いたします。

1931年にスウェーデンのスモーランド地方ハールンダに生まれたリサ・ラーソンさんは、23歳という若さで国内の陶磁器メーカー・グスタフスベリ社に迎えられ、26年間の在籍中に約320種類もの作品を制作し、スウェーデンを代表する人気作家となりました。その後はフリーのデザイナーとして海外でも活躍し、80歳を過ぎた今も創作を続けています。コケティッシュな動物や素朴で温かみのある表情豊かな作品は、本国スウェーデンのみならず日本をはじめ世界中に多くのファンがいます。

本展は、2016年にロェースカ美術工芸博物館（スウェーデン・ヨーテボリ）で開催された「リサ・ラーソンの作陶60年」展の出品作品をベースに、初期から近年に至る代表作約130点をテーマ別に展示します。さらにご本人が所蔵するユニークピースや、初展示となる画家・アーティストの夫グンナル・ラーソンさんの特別展示など、約190点の作品を通し、彼女の創作活動の全貌を紹介します。

最後に展覧会開催にあたり全面的なご協力をいただきましたリサ・ラーソンさんとご家族の皆様、ロェースカ美術工芸博物館、作品監修をいただきましたキュレーターのルーヴェ・イョンソンさん、ご後援、ご協力いただきました関係者の皆様に心から御礼申し上げます。

主催者

Introduction to the Exhibition
展覧会に寄せて

　2014年から始まった前回の巡回展に続き、再び日本で展覧会を開催していただくことになり、心から嬉しく思っております。残念ながら私も年をとり、日本での展覧会に実際に伺うことはできませんが、私の作品を見に足を運んでくださる皆様には、お伝えしたいことがたくさんあるのです。ただ、私のこの気持ちすべてを言葉にするのは、とても難しいのですけれど。

　私が初めて日本の工芸品に出合ったのは、1955年のことでした。その時ひとめで心惹かれ、なんと素晴らしいものがあるのだろうと日本に対して尊敬の念を抱きました。ほんの小さなものにさえ選び抜かれた素材を使い、細部まで行き届いたデザイン。紙や本に至るまで、見るものすべてを美しいと感じました。そう思ったのは私だけではなく、多くのスウェーデン人たちが、同じ気持ちをもったと思います。その後、私も陶芸家として経験を積み、自分らしい作品を制作できるようになってきた50歳の頃、優れた陶芸家を輩出している日本から、私の作品を展示したいので来日してほしいというご招待をいただいたのです。あれほど見事な工芸品を作っている日本で私の陶芸が展示されるなんて、そんな夢みたいなことが本当にあるのだろうかと、とても驚いたのを鮮明に覚えています。そして今回も、私の作品を日本の多くの皆様に見ていただけるなんて、なんと素晴らしいことでしょう。

　もし私が再びこの世に生まれてくることがあれば、次の人生はぜひ日本人になって、やはり陶芸の道に進みたいと思います。そしてできることなら日本の素晴らしい風景が望める田舎に住み、もちろん日本語が話せる人になりたいです。日本の多くの方々が私の制作した作品を見たいと思ってくださるお気持ちを考えると、本当に感謝の思いでいっぱいです。私の古い作品も新しい作品も、今の新しい目で見ていただくと受け取られ方も変わるかもしれません。私の作品で皆様に楽しいひとときを過ごしていただけるなら、私はこの上なく嬉しいのです。

Lisa Larson

リサ・ラーソン

リサ・ラーソンは、戦後のスウェーデンにおいて最も数多くの作品を作り、かつ知名度の高い陶芸家の一人です。そして長きにわたり、海外でも高い評価を受けてきました。2000年代に入って日本のコレクターたちから熱い関心を寄せられたことで、母国スウェーデンでも多くの人々がリサの作品に新しい目を向けるようになりました。今までスウェーデンの芸術界では、リサのフィギュアやレリーフは装飾過多でユーモアあふれるものと認識されることが多く、あまり高い評価を受けないこともあったかもしれません。しかし、日本で起こったムーブメントによって、再評価される兆しが現れてきたのです。

　ヨーテボリにあるロェースカ美術工芸博物館は、国内唯一の工芸デザイン美術館です。ここで2016年に「リサ・ラーソンの作陶60年」という展覧会が開催されました。1954年、リサはほかの3人の工芸家たちとともにグループ展という形でデビューを飾りましたが、そのときの会場と作陶60周年記念展の会場が、奇しくも同じ場所となったのです。2016年の展覧会は回顧展の意味合いもありましたが、作品を年代順に展示せず、テーマに沿ってグループ分けすることにしました。それによって、リサがある種のモチーフや仕事の方法を繰り返し使っていること、そしてそれらのモチーフや方法がリサの芸術性のなかで骨格をなしてきたことを、より明確に説明できると考えたからです。例えば、女性や家族のモチーフがその良い例で、素材としての粘土の扱い方にも彼女らしい好みがあり、作品ごとにコントラストを出しているところも特徴です。人々にまだ知られていない、リサの新たな一面に光を当てられればと考えました。

　今回、日本で開催される「リサ・ラーソン展」は、ロェースカ美術工芸博物館で2016年に開催された展覧会の改定バージョンである第一部と、リサの息子マティアスによりキュレーションされた第二部から構成されています。これに先立ち、リサ個人のコレクションからさらに多くの作品を選び、またスウェーデン以外では紹介されていない作品も補充して、素晴らしく充実した内容になったと思います。より多くの皆様にとって、この展覧会がリサの築いてきた芸術性に触れられる良い機会となることを切望いたします。

第一部キュレーション担当：キュレーター　**ルーヴェ・イヨンソン**
Love Jönsson

　母リサ・ラーソンのアトリエは、彼女が創り出した作品や、インスピレーションを得るために集めた種々のものに囲まれていました。そんな場所を遊び場に子供時代を過ごした私にとって、ある意味、リサの芸術を客観的に見ることは難しく、同時にその子供時代の経験を通して、彼女の芸術を簡単に理解することができるのです。

　今回の展覧会で、私は第二部を構成するという大役を任ぜられました。この部で紹介する作品の多くが、世界のさまざまな文化の古代芸術にも見られるような、時代を超える性格をもっています。リサが創り出す芸術には、その根底に人道的姿勢のようなものが存在し、多くの人々に共通する繊細な人間性や文化を見いだすことができるのだと思います。それゆえ、リサの作品の中に、傷つきやすい孤独な心、一人一人がもつユニークな個性や自尊心、そして人間が相互に抱く愛情や交わりについても、垣間見ることができるのでしょう。

　リサは今までに何度となく、自身の芸術にとって夫グンナルがどれほど重要な存在だったか話してきました。作品のフォルムや色に関して、グンナルが知っているすべてのことを教えてくれたのだとリサは語ります。そしてこれまで、二人で歩んできた長い人生において、お互いにインスパイアしながら作家活動を続けてきたことは疑う余地もありません。

　この第二部では、リサとグンナルそれぞれの作品表現が生きてくるように、かつそれらが同じ緊張感をもって出合えるよう、距離感を意識しつつ作品を構成しました。二人と相談しながら、素材はもちろんのこと、色やフォルムの面でも全体が調和するように塑像や絵画作品を選びました。

　最後に、展覧会の第二部に関して私を信頼して構成を任せてくださったこと、また両親の仕事に対する賛美の気持ちや、両親が伝えてくれた美学的かつ倫理的なものを誇りとする私の思いを表現する機会をいただいたこと、これらすべてにお礼を申し上げたいと思います。

第二部キュレーション担当：**マティアス・ラーソン**
Mattias Larson

北欧を愛するすべての人へ
リサ・ラーソン展　Exhibition Lisa Larson

主催：リサ・ラーソン展実行委員会	Organized by Lisa Larson Exhibition Committee
後援：スウェーデン大使館	Supported by Embassy of Sweden
特別協力：ロェースカ美術工芸博物館	Special collaboration with The Röhsska Museum
協賛：フィンエアー、フィンエアーカーゴ	Sponsored by Finnair, Finnair Cargo
企画：アートインプレッション	Planned by Art Impression Inc.
企画協力：トンカチ	Cooperated by Tonkachi

展覧会に寄せて		Introduction to the Exhibition
リサ・ラーソン	003	Lisa Larson
ルーヴェ・イョンソン	004	Love Jönsson
マティアス・ラーソン	005	Mattias Larson

CONTENTS

Part 1 回顧展パート	009	Retrospective part
初期の仕事	010	Early Works
鳥	016	Birds
ネコ	022	Cats
イヌ	030	Dogs
面	034	Masks
強い女たち	036	Strong Women
姉妹	042	Sisterhood
社会討論	046	The Societal Debate
家族の肖像	048	Family Life
男と女	052	Man and Woman
男たち	056	Men
表現主義	060	Expressionism
角型のフォルム	064	Angular Forms
幾何学模様の装飾	066	Geometrical Patterns
ろくろで作った塑像	068	Wheel-thrown Sculptures
試作品から製品へ	071	From Prototype to Product
Part 2 コンテンポラリーパート	075	Contemporary Part
リサ・ラーソン制作	076	Works of Lisa Larson
グンナル・ラーソン制作	096	Works of Gunnar Larson
ロングインタビュー リサ・ラーソン 仕事と家族	104	Lisa Larson – long interview
リサ・ラーソン年表	115	The Chronicle of Lisa Larson

Part

1

Retrospective part

回顧展パート

リサ・ラーソンの初期から現在までの作陶を、テーマごとに分類。
ヨーテボリにあるロェースカ美術工芸博物館で2016年に開催された回顧展
「リサ・ラーソンの作陶60年」がベースとなっており、
同博物館の学芸員だったルーヴェ・イョンソン氏がキュレーターを務めました。

EARLY WORKS
初期の仕事

　1950年代のスウェーデンでは、モダニズムをかかげた、若く革新的な芸術家集団が登場しました。リサ・ラーソンも、そこに属していた一人です。彼らは陶芸、ガラス、テキスタイル、ジュエリーの各分野において、新しい手法や表現を確立していきました。古い時代の、完璧主義で排他的な芸術のあり方に、意識的に反旗を翻したのです。

　1950年代半ばから後半にかけてグスタフスベリで制作されたリサの初期の作品群に、すでに独自の陶芸スタイルといえる特徴を多く見ることができます。例えば、釉薬がかかった部分と素焼きの部分との明確なコントラスト、彫ったり、切り込みを入れたり、粘土に刻印をしたような抽象的な装飾などです。頭に浮かぶままの即興的な装飾に対して、フォルムは一般的にシンプルで現実的なものが選ばれました。陶芸家として、リサは自らの手に任せ、目に見える作品フォルムを作り上げること、また素材がもつ表情豊かな資質を最大限生かすことに努めたのです。

Plate
皿
■H4×φ20cm ■陶器 ■ろくろ成形 ■1960年頃

Two female figures
2人の女性

■ H27×W7×D7cm、H22×W7×D7cm ■ 土器 ■ ろくろ成形 ■ 1952年

Vase
花器

- H29×φ9cm
- 陶器
- ろくろ成形
- 1955年

Vase with green glaze
緑色の釉薬をかけた花器

- H11×φ11cm
- 陶器
- ろくろ成形
- 1960年頃

Vase
花器

- H16.5×φ9cm
- 陶器
- ろくろ成形
- 1955年頃

Cylindrical vase
円筒形の花器

- H35×φ16cm
- 陶器
- ろくろ成形
- 1957年

Vase
花器

- H13×φ12cm
- 陶器
- ろくろ成形
- 1960年頃

Vase
花器
■ H14×φ11cm ■ 陶器 ■ ろくろ成形 ■ 1950年代後半

Vase
花器
■ H17.5×φ13cm ■ 陶器 ■ ろくろ成形 ■ 1956年頃

Oval-shaped vase
楕円形の花器
■ H15×φ12cm ■ 陶器 ■ ろくろ成形 ■ 1960年頃

Oval-shaped vase
楕円形の花器
■ H12×φ10.5cm ■ 陶器 ■ ろくろ成形 ■ 1960年頃

Vase
花器
■ H28×φ8cm ■ 陶器 ■ ろくろ成形 ■ 1950年代後半

Vase
花器
■ H11.5×φ11cm ■ 陶器 ■ ろくろ成形 ■ 1956年

BIRDS
鳥

　鳥は芸術の分野でよく使われるモチーフで、神秘的な特性をもち、神や霊界とつながっている生き物と認識されています。また、鳥はメッセンジャーであり、長距離をわたる旅人でもあります。1950年代中頃、リサ・ラーソンが最初にグスタフスベリで作った陶器作品のなかに、ハトのデザインがありました。その数年前、ヨーテボリのスロイド フォレーニング学校（現HDK）で学んでいたときから、釉薬をかけない粘土のハトを作っていたのです。その後も数十年にわたって、さまざまな種類の鳥がリサの作品のモチーフとなってきました。そして、それぞれに異なるフォルムの塑像やシリーズもの、そして陶板や容器となって登場しています。

Cigarette holder from the Thalia series
タバコ入れ（タリアシリーズ）
■ H6.5×φ6.5cm ■ 陶器 ■ 鋳込み成形 ■ 1960～1969年

Dove
ハト

- H13×W12×D10cm
- 陶器
- 手びねり
- 1954年

Dove
ハト

- H16×W9.5×D7cm
- 土器
- 手びねり
- 1953年

Wall-plaque from the Harlequin series, with bird motif

鳥モチーフの陶板（道化師シリーズ）

- H19×W19×D2cm
- 陶器
- 鋳込み成形
- 1960～1969年

Bird

鳥

- H15×W15.5×D4.5cm
- 陶器
- 手びねり
- 1960年代

Bird
鳥
- H6.5×W9.5×D6cm
- 陶器
- 鋳込み成形
- 1965〜1971年

Bird woman
バード・ウーマン
- H24×W16×D10cm
- 陶器
- ろくろ成形、手びねり
- 1970年代

Lidded jar
蓋つき容器
- H8.5×φ10cm
- 陶器
- 鋳込み成形
- 1980年代

Small bird-shaped jug
小さな鳥の徳利（おさけとり）
- H12×W8×D11cm
- 磁器
- 鋳込み成形
- 2010年代

Footed bird-shaped bowl
足つき鳥型深皿
- H12×W13×D11cm
- 陶器
- ろくろ成形
- 1954年

Bird
鳥
■H16.5×W19×D9cm ■陶器 ■ろくろ成形、手びねり ■1970年

Vase
花器
■H22×φ21cm ■陶器 ■ろくろ成形 ■1960年頃

CATS
ネコ

　長きにわたり、ネコは人間にとって仲間のような存在です。古代エジプトではネコのミイラが作られ、古代ローマのポンペイ遺跡にはネコのモザイク模様が残っています。芸術の世界でネコといえば、その多くが、独立心旺盛でわがままという特徴をもって表現されてきました。リサ・ラーソンの初期のコレクション「小さな動物園」(1956年～)と「大きな動物園」(1958年～)にも、ネコのフィギュアがいくつも見られます。リサ本人もネコを飼っていましたし、グスタフスベリが宣伝用の写真を撮影する際、リサに飼っていたシャム猫と一緒にポーズをとらせたこともあります。その後も、リサの作品にネコは何度も登場しています。2000年代の日本では、マイキーがそのシンボル的な存在になりました。「大きな動物園」シリーズのために作られた細長い体のネコをシンプルにアレンジしたマイキーは、わが道をいくネコとして愛されています。

Cat from the Small Zoo series
ネコ (小さな動物園シリーズ)

■ H5×W9×D4cm ■ 陶器 ■ 鋳込み成形 ■ 1956～1978年

Mia cat from the Big Zoo series
ネコのミア（大きな動物園シリーズ）

■H36×W22×D23cm ■陶器 ■鋳込み成形
オリジナルは1966年、
本作品は1990年にケラミークステューディオンで製作された

Cat
ネコ
■H19×W19×D9cm ■陶器 ■手びねり ■2007年

Stina with cat

ネコを抱いたスティーナ

■H24×W10×D8cm ■陶器 ■手びねり ■1957年頃

Wall plaque with cat
ネコのモチーフの陶板
■ H11.5×W38×D2cm ■ 陶器 ■ 1954年

Cat from the Big Zoo series
ネコ（大きな動物園シリーズ）
■ H12×W33×D8cm ■ 陶器 ■ 鋳込み成形 ■ 1958〜1979年

Small cat
小さなネコ
- H10×W7×D6cm
- 陶器
- 鋳込み成形
- 1965年

Tripp and Trapp cat from the Tripp Trapp Trull series
ネコのトリップとトラップ
（トリップ・トラップ・トュルルシリーズ）
- H11.5×φ5.5cm、H16.5×φ8.5cm
- 陶器
- 鋳込み成形
- 1972年

Oval plate with cat motif
ネコの豆皿（とらねこ）
■ H1.5×W12×D10.5cm ■ 磁器 ■ 2010年代

Cat-shaped chopstick rest
ネコの箸置き（ねるねこ）
■ H1.7×W6×D2cm ■ 磁器 ■ 2010年代

Cat from the Small Zoo series
ネコ（小さな動物園シリーズ）
■ H10×W11.5×D3.8cm ■ 陶器 ■ 鋳込み成形 ■ 1956〜1978年

Cat from the Small Zoo series
ネコ（小さな動物園シリーズ）
■ H12×W7×D5cm ■ 陶器 ■ 鋳込み成形 ■ 1956〜1978年

Cat
ネコ
■ H10×W17×D9.5cm ■ 陶器 ■ 鋳込み成形 ■ 2017年

DOGS
イヌ

　ネコが独立心の強さを象徴する一方で、イヌは献身や信頼という言葉で特徴づけられることが多いのではないでしょうか。リサ・ラーソン自身はイヌを飼ったことがありませんが、「大きな動物園」シリーズ（1958年〜）や、イヌだけを集めた「ケンネル」シリーズ（1972年〜）で、イヌのフィギュアをいくつも制作しました。

　2000年代になってからも、ケラミークステューディオンの量産モデルにイヌのモチーフがまた戻ってきましたし、リサのアトリエにある机の上にも個性的なイヌの作品がずらりと並んでいます。動物をモチーフにしたほかの作品と同様に、さまざまな犬種の特徴をつかみ、かつ一匹一匹の性格を表情豊かに描写したのです。

Spotted Spaniel from the Kennel series
水玉スパニエル（ケンネルシリーズ）
■H7.5×W11.5×D5cm ■陶器 ■鋳込み成形 ■1972〜1983年

Bulldog
from the Big Zoo series
ブルドッグ（大きな動物園シリーズ）

- H12×W13×D13.5cm
- 陶器
- 鋳込み成形
- 1960～1968年

Pekingese
from the Kennel series
ペキニーズ（ケンネルシリーズ）

- H6.5×W9×D5.5cm
- 陶器
- 鋳込み成形
- 1972～1983年

Dachshund
from the Kennel series
ダックスフンド（ケンネルシリーズ）

- H7.5×W11×D5cm
- 陶器
- 鋳込み成形
- 1977～1983年

Dog
イヌ
■H8.5×W5×D8cm ■陶器 ■手びねり ■2012年

Dog
イヌ
■H11×W6.5×D7cm ■陶器 ■手びねり ■2010年頃

Dog
イヌ
■H12×W8×D5.5cm ■陶器 ■手びねり ■2010年頃

Dog
イヌ
■H11×W18×D9cm ■陶器 ■手びねり ■2000年頃

MASKS
面

面で顔を隠し、自分の本当の容貌ではない姿で振る舞うことは、演劇また仮面舞踏会などのようなものと関連づけられるかもしれません。しかし人間の行動について説明するときも、比喩的な意味で、面を用いて語ることが可能だと思います。面は表情を隠し、目に見えないものを想像させてくれます。デザインはシンプルでも、そこに込められている力には計り知れないものがあるかもしれないのです。

リサ・ラーソンも面をいくつも作っていますが、実際の顔を模写した作品もあれば、表情や特徴を様式化して描き出した作品もあります。1970年代半ば、リサは日本とアフリカの面からインスピレーションを得て、グスタフスベリのためにシリーズ化した5つの面を創作しました。今回ご紹介するもののなかには、研究や試作の意味合いで作られたものも含まれています。

■ H22.5×W16.5cm

■ H25×W18.5cm

■ H24×W17cm

■ H21.5×W16.5cm

Masks
(Natural face)

面（自然な顔）

■ 陶器
■ 1979〜1980年

■ H18.5×W12.5cm

■ H25×W20cm

■ H23.1×W11.7cm

■ H22×W16cm

■ H23.5×W20.5cm

Masks
(Abstract face)

面（抽象表現の顔）

■ 陶器
■ 1979〜1980年

■ H24.3×W22cm

STRONG WOMEN
強い女たち

　個性豊かで自立した強い女性たちは、リサ・ラーソンの作品によく見られるモチーフのひとつです。1950年代の欧米のモードで主流となっていた理想の体型は、砂時計のようにウエストが引き締まったものでしたが、リサのよく知られている「ABC少女」シリーズ（1958年～）では、それとは遠くかけ離れたふくよかな女性たちが描かれています。着目したいのは、少女たちが本を読みふけっているということ。というのも、当時のスウェーデンでは、女性が読書することは批判的な目で見られていて、もっと役に立つことをするべきだと考えられていたからです。リサは、昔ながらの偏狭な見方をマイルドな皮肉で批判し、装飾的な表現で伝えたおかげで、スウェーデンの家庭に広く普及しました。

　アストリッド・リンドグレーンが著した児童書の主人公をモチーフにした「長くつ下のピッピ」（1969～1971年）も、強い女性像の一例です。「ローサ」（1970年）は、周囲からの視線をまったく気にすることなく、自分の人生を堂々と謳歌する裸の女性を表現しています。

Charlotta
from the ABC Girls series
シャルロッタ（ABC少女シリーズ）
- H16×W9.5×D10cm
- 陶器
- 鋳込み成形
- 1958～1973年

Beata
from the ABC Girls series
ベアータ（ABC少女シリーズ）
- H9×W9×D19cm
- 陶器
- 鋳込み成形
- 1958～1973年

Amalia
from the ABC Girls series
アマーリア（ABC少女シリーズ）
- H17×W10×D12.5cm
- 陶器
- 鋳込み成形
- 1958〜1973年

Emma
from the ABC Girls series
エンマ（ABC少女シリーズ）
- H17×W10.5×D12.5cm
- 陶器
- 鋳込み成形
- 1958〜1973年

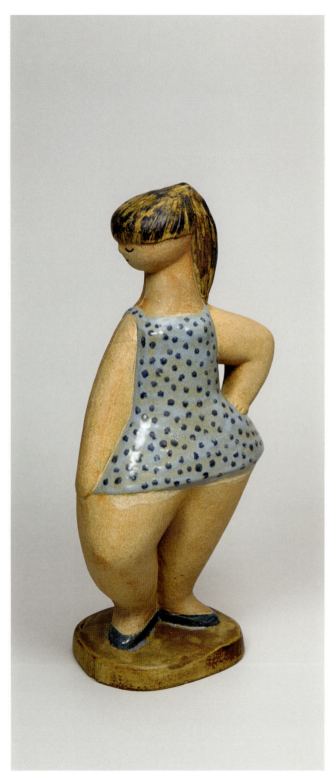

Standing woman
立ち姿の女性
- H27.5×W9×D8cm
- 陶器
- 手びねり
- 1973年

Dora from the ABC Girls series
ドーラ（ABC少女シリーズ）
- H28×W12.5×D9cm
- 陶器
- 手びねり
- 1957〜1958年頃

Seated woman
座る女性
- H19×W18×D18cm
- 陶器
- ろくろ成形、手びねり
- 1960年頃

Seated woman on plinth
台座に座る女性
- H15×W4.5×D6cm
- 陶器
- 手びねり
- 1979年

Seated woman
座る女性
- H19.5×W14×D9.5cm
- 陶器
- ろくろ成形、手びねり
- 1970年代

Pippi Longstocking
長くつ下のピッピ
- H17.5×W9×D5.5cm
- 陶器
- 鋳込み成形
- 1969〜1971年

Rosa
ローサ
- H10×W12×D15cm
- 陶器
- 鋳込み成形
- 1970年

SISTERHOOD
姉妹

　1950年代以降、女性の友情や姉妹というモチーフが、リサ・ラーソンの作品に繰り返し登場するようになりました。一緒にお茶を飲む女性たち、お互いの髪をとかし合う女性たち、あるいは厳粛なコーラスで声をひとつにする女性たちの姿が多くの作品に見られます。女性の日々の暮らし、友情や団結を描き出して賞賛することは、フェミニストの芸術家たちにとって一種の重要なテーマでした。

　今日の若い芸術家たちを見ると、同じテーマを扱いながらも写真・メディア映像という別の手法で自らの芸術を表現しています。ジャンルは違えど、同じようなテーマを扱っているという点では、そこに関連性を見いだすことができます。

Group of three mothers with children
子供を抱く3人の母親たち

■H18.5×W26.5×D25cm ■陶器 ■ろくろ成形、手びねり ■1960年頃

Relief depicting five women
5人の女性のレリーフ
- H37×W17×D3.5cm
- 陶器
- ろくろ成形、手びねり
- 1959〜1960年頃

Relief depicting seven women drinking coffee
コーヒーを飲む7人の女性のレリーフ
- H56×W22×D3cm
- 陶器
- ろくろ成形、手びねり
- 1959〜1960年頃

Two sisters
2人の姉妹
- H25×W10×D5cm
- 陶器
- スラブビルト、手びねり
- 2000年代

Woman combing the hair of a friend
友人の髪をとく女性
- H24×W8×D12cm
- 陶器
- 手びねり
- 1970年代

The choir
コーラス

■H37×W25×D14.5cm ■陶器 ■砂型鋳込み成形 ■1999年

THE SOCIETAL DEBATE
社会討論

　1960年代最後の年に生まれた「社会討論」シリーズでは、勝ち誇った女性が自らの腕で男性を持ち上げ、男女の力関係が逆転しています。当時、スウェーデンでは社会について激しい議論が交わされ、女性運動もますます強まっていました。1968年、ストックホルムでは「グループ8（Grupp 8）」というフェミニズム組織が発足し、リサ・ラーソンも、グスタフスベリに支部を作ることに参加しました。

　リサは「社会討論」シリーズを作ることによって、論争となっていたトピックを、商業ベースの装飾品やギフトへと変えたのです。ユーモアあふれるタッチや古めかしい衣服のおかげで、当時のシリアスな議論から少し距離をおくこともできました。そして、内包されたメッセージへの理解をより広めることにもつながって

The societal debate
社会討論

■ H25×W19×D9.5cm
■ 陶器 ■ 砂型鋳込み成形 ■ 2000年代

The societal debate
社会討論

■ H25×W16.5×D9cm
■ 陶器 ■ 鋳込み成形 ■ 2000年代

いったのです。

　このデザインの経緯について、リサが話してくれました。最初の試作品は、従来の結婚式用の贈り物として、男性が女性を持ち上げるデザインだったそうです。ところが、男性の脚部分の粘土が女性の重さにもちこたえられず崩れてしまったため、男女を入れ替えたのだそうです。それと同時に、まったく新しいメッセージを伝えることになったのです。

　今回ご覧いただくのは、1970年頃にグスタフスベリで生産されたデザインのバリエーション2種と、同じモチーフを再び使って2000年代に作られた作品2点です。

The societal debate (larger version)
社会討論（大）

■H39×W26×D13cm
■陶器 ■鋳込み成形 ■1969〜1971年

The societal debate (smaller version)
社会討論（小）

■H22×W18×D8cm
■陶器 ■鋳込み成形 ■1970年頃

FAMILY LIFE
家族の肖像

　リサ・ラーソンは、インタビューでよく、芸術を創造する上で家族が重要な存在だったと強調してきました。その言葉どおり、アトリエ作品でも、また量産シリーズのモデルでも、家族のモチーフがたびたび登場しています。1960年頃からは母親をテーマに描いた作品を多く制作しており、「日本」(1958年)という作品群の中には、母親が子供をおんぶしているものもあります。のちの「子供を連れた父親」(2008年)では、リサの息子の一人が、そのモデルとして描かれました。リサの子供たちは、インスピレーションの源となって、いくつもの作品に登場しています。

Family scene
家庭の風景

■ H25×W18.5×D1cm ■ 陶器 ■ 1993年

Mother with child
子供を連れた母親
- H31×W9.5×D12cm
- 陶器
- 手びねり
- 1980年代

Father with children
子供を連れた父親
- H36×W20×D8.5cm
- 陶器
- 手びねり
- 2008年

Family
家族
- H23.5×W20×D19cm
- 陶器
- ろくろ成形、手びねり
- 1960年頃

Mother with child
子供を連れた母親
- H17.5×W13×D12cm
- 陶器
- ろくろ成形、手びねり
- 1960年頃

Japanese woman
日本女性

■H26×W12×D11cm ■陶器 ■手びねり ■1958年

MAN AND WOMAN
男と女

　リサ・ラーソンの作品における男女の関係は、ドラマティックな面と、シビアな面との両方が表現されています。男と女の間には喜びや欲望があふれると同時に、葛藤も満ちているのです。「社会討論」シリーズでも登場したように、支配的な女性像の表現がその代表といえるでしょう。「冷戦」（2007年）では、怒りの感情やコミュニケーション能力の不足などを描き出しています。リサの世界に何度も登場する力強い女性たちの姿は、時として、従順な男性と組み合わせることで強調されます。例えば「ビッグ・ママ」（1994年）で、巨大な女性の膝にちょこんと座っている臆病な男性の描写のように。

　金色のフレームで囲まれた「記念日」（1969～1973年）は、まるで金婚式の贈り物のような印象を与えます。この陶板では、昔のスタジオ写真を思わせる、どこかかしこまった雰囲気の実直な老夫婦が描かれていると同時に、粘土自体の灰白色、褪せたような色合い、幅広の金色の額とのコントラストといった要素が、この時代の背景を強調する効果をもっているようにも思えます。

Not on speaking terms
冷戦

■H16×W16.5×D4cm　■陶器　■手びねり　■2007年

Man and woman in bathing suits
水着を着た男と女

■H32×W14.5×D8.5cm ■陶器 ■手びねり ■1979年

Jubilee
記念日
■ H35×W36×D2.5cm ■ 陶器 ■ 鋳込み成形 ■ 1969〜1973年

Big mama
ビッグ・ママ
■ H16×W7×D8.5cm ■ 陶器 ■ 手びねり ■ 1994年

Man and woman
男と女
■ H21×W6×D9.5cm ■ 陶器 ■ ろくろ成形、手びねり ■ 1970年代

Man and woman
男と女

■H23.5×W21×D9cm ■陶器 ■手びねり ■1966年

MEN
男たち

　リサ・ラーソンが使うモチーフのなかで人物像といえば、数の上では圧倒的に女性が多いといえるでしょう。しかし、彼女はまた、単独またはグループとして、男性を描写する仕事も多く手がけてきました。アトリエ作品の塑像では、自信をもてない男性像と傲慢な男性像の両方を制作しています。ときに、現代の男性の理想像も愛情を込めて作り出してきました。模様が描かれた玉座に座るコケティッシュダンディの「椅子に座る男性」（1970年頃）、サイズが数号大きいセーラー服を着てかちこちになった新兵の「海軍の制服を着た男性」（1970年頃）などです。スウェーデン社会民主党が政権をとっていた1955年から1976年当時の、伝説的な財務大臣として知られるグンナル・ストレング氏は、リサによって現金出納帳を手に持つぽっちゃりした貯金箱として描き出されました。

Lidded jar with two bathing men
水浴びする2人の男性の蓋つき容器
- H17×φ13cm
- 陶器
- ろくろ成形、手びねり
- 1974年

Man in chair
椅子に座る男性

- H18×W9.2×D9cm
- 陶器
- 鋳込み成形
- 1970年頃

Piggy-bank in the shape of Gunnar Sträng, Sweden's Minister of Finance
グンナル・ストレング財務大臣の貯金箱

- H15×W10.5×D9cm
- 陶器
- 鋳込み成形
- 1972〜1984年

Man with tattoos
刺青をした男性
- H18.5×W12×D9cm
- 陶器
- 手びねり
- 1970年代

Man in naval uniform
海軍の制服を着た男性
- H25.5×W13.3×D7.5cm
- 陶器
- 手びねり
- 1970年頃

Man and boy
男性と少年
- H35.5×W22×D27cm
- 陶器
- 手びねり
- 1970年代

Man with moustache
口髭を生やした男性

■H33×W16×D1.5cm ■陶器 ■砂型鋳込み成形 ■1960年

EXPRESSIONISM
表現主義

　表現主義は、先鋭的かつ感情的な表現を追求するモダニズムの分野で起こった幅広い芸術運動でした。ますます秩序正しく機能していく社会への反動として、表現主義の芸術家たちは、素朴でプリミティブとされる表現方法に向かって進んでいったのです。戦後のスカンジナビアの陶芸界では、彫り深い彫刻、破壊されたフォルム、モデル化された荒削りのフィギュアが、表現主義の典型的な特徴でした。これらの傾向は、リサ・ラーソンのスタジオ作品にも見られます。リサは1966〜1967年にカリフォルニア大学バークレー校の特別生となり、陶芸界における国際的中心人物で、抽象表現主義の陶磁器作家であるピーター・ヴォーコス氏のもとで作品を制作しました。しかし、すでに1950年代半ばの若い時分から、リサのなかで明確な表現主義的なものづくりが育ち始めていたのです。

Plate
皿

■H3×φ27cm ■陶器 ■ろくろ成形 ■1960年頃

Oval-shaped vase
楕円形の花器
- H16×W17×D11cm
- 陶器
- 2001年

Vase
花器
- H28×φ15.5cm
- 陶器
- ろくろ成形
- 1960年代

Sculpture
塑像
- H23.5×W18×D7.5cm ■ 陶器 ■ ろくろ成形、手びねり ■ 1967年

Sculpture
塑像
- H29×W18.5×D10cm ■ 陶器 ■ ろくろ成形、手びねり ■ 1967年

Vase
花器
- H23×φ14cm ■ 陶器 ■ ろくろ成形 ■ 1960年代

Vase
花器
- H20×φ14cm ■ 陶器 ■ ろくろ成形 ■ 1960年代

Urn
壺
■H18×φ11cm ■陶器 ■ろくろ成形 ■1960年代

Vase
花器
■H38.5×φ11cm ■陶器 ■ろくろ成形 ■1960年頃

ANGULAR FORMS
角型のフォルム

　「アフリカ」シリーズの「ゾウ」（1964年）は、リサ・ラーソンがいかに角ばったフォルムを動物の形に使ったかという、ひとつの稀有な例です。円筒状の脚でまっすぐ立つ、長方形の箱型でゾウの体が表現されました。約10年後、アトリエ作品として、角ばった立方体の花器シリーズも作っています。シャープに角を落とした輪郭線、丸い投げ入れ口、そしてふんだんに描かれた装飾が、これらの作品の見どころとなっています。花器の一部は押し型を使って作られていますが、分厚いものは、粘土を麺棒で伸ばしてから手で成形したものです。

Elephant from the Africa series
ゾウ（アフリカシリーズ）

■ H13×W16.5×D19.5cm ■ 陶器 ■ 鋳込み成形 ■ 1964年

Vase with six openings
投げ入れ口が6箇所の花器
- H18×W17.5×D11cm
- 陶器 ■ スラブビルト、手びねり ■ 1970年代

Vase with one opening
投げ入れ口が1箇所の花器
- H15×W11.5×D8cm
- 陶器 ■ 鋳込み成形 ■ 1980年

Vase with four openings
投げ入れ口が4箇所の花器
- H23×W14.5×D8cm
- 陶器 ■ スラブビルト、手びねり
- 1970年代

Vase with three openings
投げ入れ口が3箇所の花器
- H15×W23.3×D8.2cm
- 陶器 ■ 鋳込み成形
- 1970年代

Vase with one opening
投げ入れ口が1箇所の花器
- H15×W11.3×D8.4cm
- 陶器 ■ 鋳込み成形
- 1970年代

Vase with three openings
投げ入れ口が3箇所の花器
- H14.8×W23×D8.5cm
- 陶器 ■ スラブビルト、手びねり ■ 1970年代

Vase with six openings
投げ入れ口が6箇所の花器
- H19×W11×D8cm
- 陶器 ■ スラブビルト、手びねり ■ 1970年代

GEOMETRICAL PATTERNS
幾何学模様の装飾

　リサ・ラーソンは、絵的な特徴のある表現を用いて制作しているため、リサのフィギュアを見た人たちは思わず共鳴し、すぐに彼女の作品だとわかるのです。リサ自身はそれ以外に、グラフィックな要素のある幾何学模様にも興味をもっていたので、器や塑像の表面に繰り返し幾何学模様を施しています。このタイプのリズミカルな装飾は、おもに1980年代以降、自宅のアトリエで制作されたユニークピースに登場します。またシリーズで作られた量産型のフィギュアにも、幾何学模様が見られます。例えば、リサが初めて手がけたシリーズもの「パロマ」（1955年）や、チェス盤のような模様が背中に描かれている「カバ」（1958〜1967年）のデザインなどです。

Hippo from the Big Zoo series
カバ（大きな動物園シリーズ）

■H10×W25×D11cm　■陶器　■鋳込み成形　■1958〜1967年

Plate
皿
■ H5.3×φ37.5cm ■ 陶器 ■ 1994年

Bowl with flash pattern
稲妻模様の深皿
■ H16×φ39.5cm ■ 陶器 ■ ろくろ成形 ■ 1973年

Urn with gilt decoration
金箔の装飾がある壺
■ H21×φ19.5cm ■ 陶器 ■ 1988年

Urn with zig zag pattern
ジグザグ模様の壺
■ H24.5×φ28cm ■ 陶器 ■ 1988年

WHEEL-THROWN SCULPTURES
ろくろで作った塑像

　　フィギュアを作るとき、陶磁器業界では鋳型を使って大量生産する方法が一般的です。リサ・ラーソンはろくろの上に粘土をのせ、いったん器やボールのような形にしてから、動物や人物のフィギュアを作り出す方法をとっています。ろくろで作った形に、目、耳、足などを付け足したり、模様を刻み込んだりしていくのです。ときには、同じようなボディをろくろでいくつも用意します。その粘土の土台に判押ししたり、または指紋の跡で縞模様を描いていったりするのです。ろくろで作ったボディは、リサの作陶の典型的な特徴ともいえます。この点から、1930年代から1940年代にかけてスウェーデンで活躍していた年配の陶工たちが制作したものと、リサのデザインを区別することができるのです。

The Big cat from the Jura series
大きなネコ（ジュラシリーズ）

■H10×W7×D7.5cm ■陶器 ■鋳込み成形 ■1966年

Ghost mouse from the Menagerie series
おばけネズミ（見世物小屋シリーズ）

■ H7×W5.5×D6.5cm ■ 陶器 ■ 鋳込み成形 ■ 1966年

Pig-shaped lidded jar
ブタ型蓋つき容器

■H18×W23.5×D16cm ■陶器 ■ろくろ成形、手びねり ■1970年代

Camel from the Jura series
ラクダ（ジュラシリーズ）

■H18.5×W19×D8.5cm
■陶器
■鋳込み成形
■1971〜1977年

Elephant
ゾウ

■H20×W20×D18.8cm
■陶器
■ろくろ成形、手びねり
■2000年代

FROM PROTOTYPE TO PRODUCT
試作品から製品へ

　グスタフスベリで量産タイプのフィギュアが作られるときは、手作りのオリジナルモデル、もしくは試作品を作るところから始まります。試作品と完成形の製品を比べてみると、いろいろと違いがあるのがわかります。リサ・ラーソン自身の手で作られた試作品は、概して表現力が豊かで、質感、装飾や釉薬の色などの面で多様性をもっています。しかし量産するにはデザイン全体を標準化する必要があるので、そこに違いが出てくるのです。

　工房では製品を完成させるために、製作過程で次から次へと人の手を経ていきます。かつては、デザインは紙やペンを使って行なわれ、またデザイナーも工房のすぐそばにアトリエを構えていて、デザインが生まれる場所と製品が作られる場所との距離が近かったものです。1900年代において、それは典型的なグスタフスベリ方式でしたし、ほかの陶磁器会社も同様の状況でした。今日、デザインの世界でもデジタル化とグローバル化が進み、若いデザイナーたちはまったく違う仕事のやり方をしています。デザインはコンピュータ制御で行なわれ、製品も地球の反対側で生産することが可能になりました。

Kalle from the Larson kids series
カッレ（ラーソン家の子供シリーズ）
- H19×W13×D7cm
- 陶器 ■ 鋳込み成形
- 1964〜1980年

Kalle
カッレ
- H19×W13×D7cm
- 陶器 ■ 手びねり
- 1961年

Plate from the Stim series
皿（浅瀬シリーズ）
- H4×W31×D26cm
- 陶器
- 鋳込み成形
- 1960年

Bowl from the Stim series
深皿（浅瀬シリーズ）
- H5.5×W20×D16cm
- 陶器
- 鋳込み成形
- 1958年

Bowl from the Stim series
深皿（浅瀬シリーズ）
- H4.5×W17×D12cm
- 陶器
- 鋳込み成形
- 1958年

Bowl from the Stim series
深皿（浅瀬シリーズ）
- H4.5×W17×D12cm
- 陶器
- 鋳込み成形
- 1960年

Golden eagle
ゴールデン・イーグル

- H23×W28×D13cm
- 陶器
- 手びねり
- 1975年頃

Golden eagle
ゴールデン・イーグル

- H23×W26×D14cm
- 陶器
- 鋳込み成形
- 1984年

Golden eagle
ゴールデン・イーグル

- H20×W26×D14cm
- 陶器
- 鋳込み成形
- 1976年

Lotta from the Larson kids series
ロッタ（ラーソン家の子供シリーズ）
- H17.5×W9×D10cm
- 陶器
- 鋳込み成形
- 1962〜1979年

Lotta
ロッタ
- H15×W8×D8cm
- 陶器
- 手びねり
- 1961年

Part

2

Contemporary part

コンテンポラリーパート

リサ・ラーソンのユニークピースを中心に、
アーティストとしての側面が色濃く表れた作品群をご覧ください。
画家である夫のグンナル・ラーソンの陶芸や絵画作品もあわせてご紹介します。
キュレーションは、二人の長男であるマティアス・ラーソンが行ないました。

Works of Lisa Larson
リサ・ラーソン制作

　第二部のコンテンポラリーパートでは、自由な芸術家としてのリサ・ラーソンに出会える空間をつくり出したいと考えました。現代的な視野で作品を選び、作品そのものが自由に語りかけてくるような、また鑑賞する人が独自の解釈で作品を見られるような展示を目指したのです。

　個々の作品と相対していると、「これは何だろう？」「アーティストはどのような思いを込めて作ったのだろう？」などの疑問がいくつも湧き上がってきます。しかし、それらに対する明確な答えがあるわけではありません。そのような疑問とまっさらな心で向き合うことこそが、芸術だとリサは考えているのです。皆さんも先入観をもつことなく、それぞれの感性をいっぱいに開いて、作品に込められたリサの心を直接受け取ってください。

Relief sculpture
レリーフ彫像
■H27×W24×D7cm ■陶器 ■2001年

Pig lifter
ブタの重量挙げ
- H29×W23×D7cm
- 陶器
- 2004年

Accompany
寄り添い
- H22×W31×D9cm
- 陶器
- 2003年

Boat man
ボート・マン
■ H10×W22×D16cm ■ 陶器 ■ 1998年

Cold bird
凍える鳥
■ H26×W24.5×D11.5cm ■ 陶器 ■ 1983年

Singer
歌手
- H32×W11×D6cm
- 陶器
- 2001年

Relaxed
くつろぎ
- H21×W10×D17cm
- 陶器
- 2002年

Stood
直立
■H37×W11×D8cm ■陶器 ■2002年

Man in cup
カップの中の男
■H22×W10×D9cm ■陶器 ■1979年

Careerist

出世第一主義者

■ H37×W17×D14cm ■ 陶器 ■ 2000年

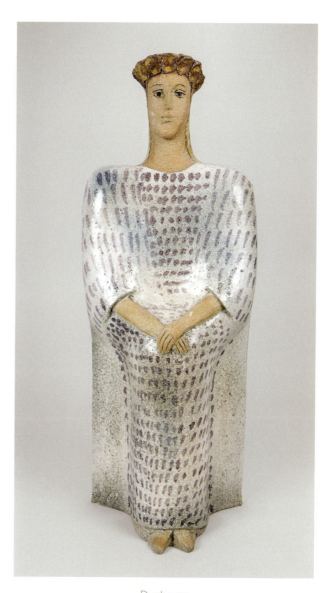

Duchess

公爵夫人

■ H45×W17×D11cm ■ 陶器 ■ 1988年

Figure on bed
ベッドの上の人物
- H7.5×W21×D13cm
- 陶器
- 1983年

Philosopher
哲学者
- H21.5×W6.5×D7.5cm
- 陶器
- 1980年

Woman in blue and white
ブルー&ホワイトの服を着た女性
- H24×W8×D8cm
- 陶器
- 2000年

Feminism
フェミニズム
- H26.5×W20×D6cm
- 陶器
- 2006年

Footballer
サッカー選手
■ H24×W14×D11cm ■ 陶器 ■ 2001年

Bikini girl
ビキニの少女
■ H27×W7×D5.5cm ■ 陶器 ■ 1989年

The queen of Sheba
シバの女王
■ H22.5×W14×D14cm ■ 陶器 ■ 2001年

Aristocrat
貴族
■ H14×W10.5×D9.5cm ■ 陶器 ■ 2004年

Benders
屈折のポーズ
■ H16×W13×D9cm ■ 陶器 ■ 2014年

Compact living
コンパクト・リビング
■ H28×W28×D4.5cm ■ 陶器 ■ 1990〜2015年

Topless
トップレス
- H16×W11×D6.5cm
- 陶器
- 2008年

Figurines
人物像
- H5×W10×D5、
  H10×W10×D5cm
- 陶器
- 2013年

On the starting line
スタートライン
- H10×W13×D8.5cm
- 陶器
- 2011年

Wondering in dress
ドレスを着て思いにふける女性
- H17×W6.5×D4.5cm
- 陶器
- 2012年

Magician
奇術師
- H19×W10×D11.5cm
- 陶器
- 2012年

Nun
尼僧
- H22×W19×D6cm
- 陶器
- 1990年代

Sitting man
座る男性
- H18×W7×D7cm
- 陶器
- 2012年

Nude man
裸の男
- H14×W7×D6.5cm
- 陶器
- 2006年

Fallen figure
倒れた人物
- H13×W14×D12cm
- 陶器
- 1999年

Turning figure
ふりむく人物
- H14×W7×D10cm
- 陶器
- 2005年

Reaching out
手を伸ばして
■ H21.5×W18×D8cm ■ 陶器 ■ 2001年

Dancing couple
踊る男女
■ H16×W9×D9cm ■ 陶器 ■ 2001年

Picker
拾う人
■ H16.5×W11×D9cm ■ 陶器 ■ 1979年

Meditation
瞑想
■ H15×W8×D8cm ■ 陶器 ■ 2012年

Ikaros
イカロス
■ H25.5×W25×D18cm ■ 陶器 ■ 2007年

Supporter
サポーター
■ H17.5×W6×D6cm ■ 陶器 ■ 1988年

Star gazer
夢想家
■ H24×W7.5×D8.5cm ■ 陶器 ■ 2008年

Yoga
ヨガ
■ H14×W18×D9.5cm ■ 陶器 ■ 1996年

Lady in flower dress
花柄ドレスの女性

■H22×W10.5×D11.5cm ■陶器 ■1988年

Papageno
パパゲーノ

■H22.5×W11×D8cm ■陶器 ■2012年

Bowing dancer
おじぎをするダンサー
- H17.5×W12.5×D9cm
- 陶器
- 2006年

Waiting
待つ
- H15×W9×D9.5cm
- 陶器
- 1978年

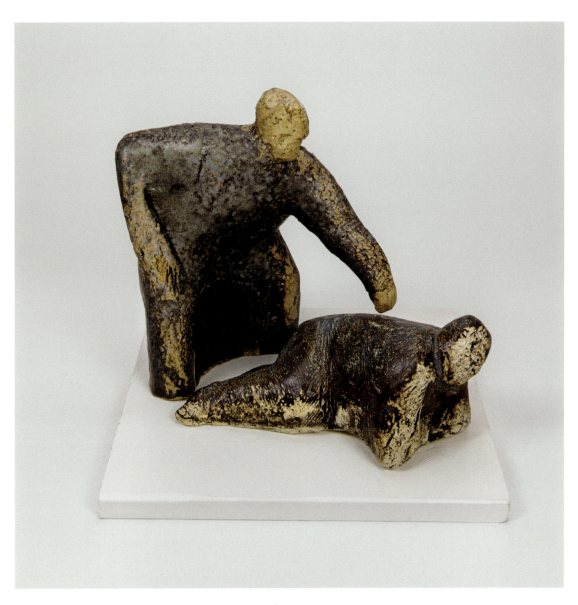

Get up
起きる
■H15×W16×D16cm ■陶器 ■2008年

Works of Gunnar Larson
グンナル・ラーソン制作

　リサ・ラーソンと長年連れ添ってきた夫のグンナル・ラーソンもまた、スウェーデンの著名な画家で、絵画のみならずグラフィックやパブリックアートなどの仕事も幅広く行なってきました。リサとグンナルは芸術家として互いを尊敬し、影響を与え合ってきたのです。

　グンナルの絵画は、抽象でも具象でもなく、その中間といえるような作品が多いのですが、今回の展示では抽象寄りの絵画4点を選びました。なぜかというと、それらグンナルの絵とリサの作品が色の点でお互いに協調しあっていること、またグンナルの絵がリサの作品の背景となるとき、リサの作品が語るシナリオが、言葉のない宇宙ともいえるグンナルの世界に融合していけるようにと考えたからです。

　「カラス」（1968年）や「ライオン」（1967年）、「深皿」（1967年）、「顔」（1967年）といった粘土から作られた塑像は、リサとともにカリフォルニア大学バークレー校で、ピーター・ヴォーコス教授のもとに滞在していたときに作られたものです。

　メラミン樹脂製の「灰皿」（1972年）は、グスタフスベリの工場で生産された品で、工業デザインの仕事の一例です。

Dawn
夜明け
- H90×W61cm
- アクリル、ミクストメディア
- キャンバス
- 2014年

In blue
ブルーの中で
- H47×W43cm
- アクリル
- 紙
- 2015年

Abstraction
抽象
- H100×W70cm
- アクリル
- 紙
- 2015年

Movement
動
- H100×W70cm
- アクリル
- 紙
- 2015年

Crow
カラス
■ H14×W26×D9.5cm ■ 陶器 ■ 1968年

Bowl
深皿
■ H10×φ39cm ■ 陶器 ■ 1967年

Lion

ライオン

■H18×W13.5×D14cm ■陶器 ■1967年

En face
顔

■H26×W17×D8cm ■陶器 ■1967年

Cup
カップ
- H8×φ10cm
- 楽焼
- 1972年

Squared bottle
角瓶
- H18×W11×D7cm
- 陶器
- 1968年

Jar
容器
- H12.5×φ11cm
- 楽焼、コルク
- 1972年

Box
箱
- H9×W13×D9cm
- 楽焼、コルク
- 1974年

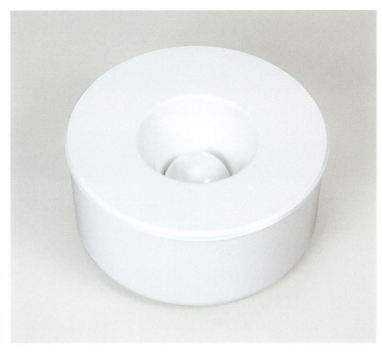

Ashtray
灰皿
- H6×φ12.8cm
- メラミン樹脂
- 1972年

Eight side bottle
八角瓶
- H26.5×W9.5×D10cm
- 陶器
- 1976年

Lisa Larson — long interview
リサ・ラーソン 仕事と家族

1954年3月、スウェーデン第二の都市ヨーテボリで陶芸家としてデビューして以来、
60年以上の作陶キャリアをもつリサ・ラーソンさん。
アーティストとして長きにわたり築き上げてきた芸術の世界、
また一人の女性として尊敬と感謝を忘れずに家族とともに暮らしてきたこれまでの人生。
リサさんの自然体でのびやかな生き方に共感を覚えるとともに、今まで歩んできた道を、
改めて知りたいという思いにかられます。素直に、そして自分らしく生きてきたリサさんに、
仕事や家族についてお話しいただきました。

陶芸と出合い、すぐさま夢中に

若い頃、私はファッションデザイナーになりたいと思っていました。というより、田舎で育った私には外の世界が想像もできなくて、世の中にどんな職業があるかも知らなかったのです。それで妹のテッティ（アンナスティーナの愛称）と同じ夢を抱いて、ファッションの仕事ができればいいと考えていました。私たち姉妹だけでなく、当時の女の子に将来の夢を聞けば、誰もがファッションデザイナーと答えたのではないかしら。

ある夏、私が住んでいたスモーランド地方南西部に、ヨーテボリのスロイド フォレーニング学校（現HDKヨーテボリ デザイン工芸大学）の先生が訪れてきて、私が描いた絵や木彫りの小さなフィギュアを見て、進学してはどうかと勧めてくれたのです。そこで同校に入ったところ、そこにはテキスタイル、銀工芸、家具のデザイン、絵画など、専攻できる科目がさまざまにありました。何を専攻したものかと迷ったのですが、私自身が選択することなく、なぜか陶芸科に振り分けられました。きっと、この科への志願者が少なかったからでしょうね。でも陶芸を始めてみたらすぐさま、材料となる粘土の感触とい

い、まさに私にぴったりのものだと直感したのです。ですから大学に通った5年間、苦労することもなく、ただ粘土に魅せられたまま、陶芸を愛して進んでいけたのだと思います。

校風はとても自由で、好きなだけ居残って課題を制作し続けても構わなかったので、ついつい夜中まで熱中して作業を続けてしまいました。やはりほかの美大に通っていたグンナル（のちの夫）も、遅くまで大学に残って熱心に絵を描き続けていたので、よく夜中の12時とか1時に迎えに来てくれたものです。そして長い1日を終えて疲れた私たちは、一緒に家に帰りました。

そんな日々を過ごしていたものですから、理論や美術史、化学の授業では居眠りしちゃって……。それでも、大学の単位は何とかうまく取れました。フィンランドの陶器会社・アラビア社のデザイナーだった陶芸科主任のエークホルム先生は、私たち生徒のお父さんのような存在でしたから、安心して自分の課題に夢中になれたのだと思います。この大学での5年間は私にとって本当に素晴らしいものでした。でも気がつけば、陶

自宅アトリエで

アトリエのコーナー

芸科に最初に在籍していた5〜6人の生徒たちはいつの間にか去り、大学を修了するときには私一人だけになっていたのです。

お世話になったエークホルム先生は、私がアフリカからインスピレーションを得て制作した大きな花器を、フィンランドで行なわれた北欧各国の芸大に通う生徒たちのためのコンペティションに送ってくれました。その際、私の作品は優勝せず、二位という結果になりましたが、審査員だったスティーグ・リンドベリ氏が注目して賞をくださり、最終的には陶磁器会社・グスタフスベリ社に実習生として1年間招待されることになったのです。

当時、芸大を卒業したアーティストたちは、新しいエリアに建ったアパートを安い賃料で借りることができました。私とグンナルもちょうどその頃、ヨーテボリのマイヨナ地区にある、最上階でアトリエ付きの素敵なアパートを安く借りられたところだったので、そこで新しい制作活動をスタートするつもりでした。また企業で仕事することにそれほど興味を抱いていなかったので、グスタフスベリ社から招待を受けたものの、すぐにストックホルムへ引っ越すということが難しかったのです。結局ストックホルムに引っ越してからもなかなか決心がつかず、完全に拠点を移したのは何年かあとになりました。

グスタフスベリで作品を作る日々

最初は1年間だけのつもりで、グスタフスベリ社での仕事を始めました。実習生という立場で、ほかにアラビア社、ロールストランド社、コンストファック美術工芸大学から来た若い陶芸家たちと一緒でした。当時デザイン部門チーフだったスティーグ・リンドベリ氏は、若い実習生が何を作っているのか大いに興味をもってくれて、週に何度も私たちのところへ足を運んでは熱心にサポートしてくれたのです。そのおかげもあって、私たちは陶芸家として成長していきました。デザインの世界でリーダー的存在だったリンドベリ氏から直接指導を受けられたことは、本当に幸運だったと思います。

その後、自分だけのアトリエをもらい、専属のろくろ師も幾人かついて、自由な雰囲気のなかで順調に仕事

が進んでいきました。以前から自分でろくろを使って大きな作品も作っていましたが、手伝ってくれたドイツ人や南アフリカ人のろくろ師はみな優秀だったので、私の頭の中にあるイメージを一緒に創り上げていってくれたのです。

「ABC少女」シリーズでは、ふくよかな体型の少女たちを作ったのですが、戯画的で女性を卑下していると世間から批判を受けました。私が作品を制作するときは、ろくろ板に粘土をのせて土台を作り、まずはボールのような丸い形にして、そこにさまざまなアイデアを足しながら塑像へと形を変えていきます。私の手が粘土に触れているうちに自然と丸い体型の像になってしまうのか、私の考えというより粘土そのものがデザインを決めていくのか……。ふくよかな身体つきは、調和した柔らかい優しさに満ちたフォルムだと思いますし、実際にふくよかな体型の人々は明るい性格をもっている場合が多い気がします。それに、私がそういった体型の塑像を作るずっと昔から、例えばマルタの遺跡には3メートルにもおよぶ大きな女性の像があって、その像には頭がなく、下半身がとてもふくよかで柔らかい身体つきをしています。古代からさまざまな表現があったのですね。私だってもちろん、細い体型の塑像も作っているのですよ。ただ多くの場合、素材である粘土が決めたとおり、私が形にするだけなのです。ジャコメッティは本当に素晴らしい芸術家だと思うけれど、私にはあの背の高い細身のフォルムは作れないのです。

次に作る作品がどうすれば良くなるか、焼き方だって自分ではよくわかっているつもりです。でも期待に胸ふくらませて窯の蓋を開けると、すごくがっかりしてしまうこともしばしば。経験を積んでも、ダメなときはダメなんですね。そして、最初はいい出来と思わなかった作品でも、時間がたってから改めて見返すと、よく見えてくるときもあって。今まで作ってきた作品を、50年代、60年代、70年代と時代ごとに区別してみると、作った当時はそのときどきの時代を反映した作品ができたと思っていたけれども、今の自分の目からすれば、現代にも通用するような実に新鮮な作品に見えたりもするのです。その逆もあって、なんてひどい作品を作ったのだろうと我ながら驚くこともありますけれどね。

アトリエのデスクに、絵付けの道具などが

窯があるスペース

棚にはさまざまな試作品が並ぶ

アトリエがある自宅、庭側から

リサと長男マティアス

リサと長女ヨハンナ

働く母親として、多くの人の手を借りながら

　今はほとんどの女性が働いていますから、育児と仕事の両立が大変だと思います。私の子育て時代もそうでした。私には、長女ヨハンナ、長男マティアス、次男アンドレアスの3人の子供がいます。グンナルは家の中にあるアトリエで仕事をしていましたが、集中しなければならない時間もあったので、子供の面倒を四六時中みてもらうわけにはいかなかったのです。私がグスタフスベリ社で働いているときは子供たちもまだ小さくて、面倒をみてくれる子守りが必要でした。全部で10人くらいの人たちにお世話になったでしょうか。グスタフスベリに実習に来ていたなかに藤井恵美さんという日本女性がいて、私の作品に釉薬をかけたり色を塗ってくれたり、数年にわたって助けてくれていたアシスタントのような存在でした。彼女のような実習生は、1日の半分をグスタフスベリで実習し、残り半分の時間は私の子供の面倒をみてくれたのです。ほかにもタイ、イタリア、ブラジルから来ていた実習生たちは、十分に英語ができなくて、ときには辞書を手に片言ながら、愛情いっぱいに子供たちの面倒をみてくれました。それだけでなく、彼女たちの作るお料理の美味しかったこと。本当に多くの人たちに助けられながら、子供たちも安心して大きく育っていきました。

アトリエで芸術に触れながら育った子供たち

　グンナルがTekniska nämndhuset Stockholm（ストックホルムのクングスホルメンにある地方自治体の設計管理機関）のコンペティションに勝って、大きな壁面を飾るオブジェを制作することになりました。その制作のための工程は、湿った砂を叩き固めながら鋳型を作り、そこに鋳型用の土を流し込み、それが乾いたら窯で焼いて作品に仕上げるというものでした。そこでアトリエに、何メートルにもおよぶ長い砂場を作ったのです。グンナルが仕事をしていないとき、砂場は子供たちやその友達の格好の遊び場でした。ときには、砂場にあった作品を足で踏んづけたり、子供の指の跡がついた

りしていることもありましたけれど、それがまた面白くて。子供とは素晴らしいものです。特に3〜4歳の頃に無心で描く絵は、ほかに比べられません。

子供たちはアトリエの天井近くに小屋を作って、いつもそこに上って遊んでいました。ある日、ほかのアーティストたちも私のアトリエに呼んで、裸婦のクロッキー会を開いたことがありました。子供たちは高いところにある小屋から覗きながら、それは楽しそうに、モデルのスケッチを一緒にしていました。子供たちにしてみれば、単に遊びにすぎなかったわけですけれど。

そんなふうに、私もグンナルも親として褒められたものではなく、子供たちのために計画してどこかへ一緒に出かけたり、十分な時間を割いて何かをしてあげたりというよりは、親のペースに合わせてもらった感じです。でもアトリエで多くの時間を一緒に過ごす環境だったものですから、もしかしたらそれで子供たち3人とも自然と芸術の道を選んでいったのかもしれません。農家の子供たちも、周りには家畜や畑が広がっている環境で、親が仕事をする姿を見て育ち、農家を継ぐ例が多いものです。うちもそれに似たところがあって、子供たちの進む道もおのずから決まっていったのかもしれません。

本当のことを言うと、子供たちには芸術家になってほしくなかったのです。なぜって、アートで生計を立てていくのは本当に難しいからです。特に最初の10年間や20年間はね。もしほかの職業を選べば、もっと経済的に安定した暮らしができるのでは……と、母親として考えてしまうこともありました。3人とも学校の成績が良くてね、とりわけヨハンナは数学や物理が得意だったので、研究者の道へ進んだらいいのにと思ったものです。でも私は一切、子供たちの将来の選択には干渉しませんでした。

これはちょっと余談ですけれどね、1981年に西武百貨店で展示会をしてくださるということになって、末っ子のアンドレアスを連れて日本へ行きました。そのときもうティーンエイジャーになっていましたが、ホテルにおいたまま、私が朝早くに仕事場へ向かうと、お昼頃にはちゃんと一人で私のところまで来てくれたのです。看板にはまだ英語の表示があまりなかった頃ですし、初めての日本で言葉が話せなかったのに、情報集めが得意だ

自宅ダイニングで、グンナル、リサ、マティアス

ダイニングの窓辺に並ぶリサの作品

カール・マルムステンの木製キャビネット。隣にはグンナルが描いたリサの肖像画

リサのアトリエからテラスに出られる

リビングにもグンナルの作品がいくつも飾られている

窓からいつも美しい緑を眺めて

ったので、何ということなく来られたのです。私は本当に驚いてしまってね。こんなこと、本当に他愛ない話かもしれませんが、働く母親にしてみれば、こういった小さなことが心の大きな助けになっていたのです。

グスタフスベリを離れ、より自由な創作へ

　ストックホルム郊外にある今の自宅に引っ越したのは1975年。それからの5年間は、グスタフスベリ社を離れたら自分にはいったい何ができるだろうかと模索する時期となりました。そして、自分一人になっても創作の世界を続けられるという確信を得た1980年に、グスタフスベリ社を退職し、自宅にあるアトリエでの仕事を本格的に始めたのです。

　朝起きたらたくさんのアイデアがすでに頭に浮かび上がっているので、そのまま階下にあるアトリエへと下りていき、ほかのことは何も考えずに12時間、没頭して自由に創作を続けられました。思いついたアイデアを粘土を使って表現する以上に楽しいことって、ないのじゃないかしら。一日中ほかの用事がなくて、制作のみに集中できる日は、それだけで心から嬉しくなってしまうのです。グスタフスベリ社にいるときだって自由に創作活動ができたけれど、何か注文を受けて作るという場合、できあがった作品に満足できなくて、つい自己批判的になってしまうのです。自分のこの傾向には早い時点から気づいていて、心から好きなように作れば、自然と気に入るものができてしまうという具合でした。

　たくさん作ったイヌの作品は、そのいい例ですね。イヌは献身的で人間と信頼関係を築いている動物ですが、ユーモラスな面もたくさんもっているから、イヌを見ていると創作意欲が湧いてくるのです。私の作品にとって、ユーモアはとても大事で欠かせないもの。人間や動物たちがどのような行動をとるか、そこにユーモラスな一面を探せるか、いつも動きや立ち居振る舞いをじっと見てしまうんです。

大きな影響を与えられた、夫グンナルの存在

　夫グンナルは、自分の知っているすべてのことを私に

教えてくれました。私たちが若い頃、芸術家たちの間では、芸術のモラルについて熱く語ることが非常に大切だと認識されていて、熱く討論が交わされていました。そんなとき、知識の乏しい私に、モラルや美学についてさまざまなことを教えてくれたのがグンナルです。1952年に結婚し、それから本当に思いもよらないほど長く、一緒に暮らしてきました。芸術家として自分よりずっと才能がある人に、いつも身近にいてもらえるというのは、とても安心できることでした。今まで一緒に暮らせたことを、心から幸せだと感じるのです。

家のアトリエでは、グンナルも粘土を使って仕事をするときがあったのですが、彼の粘土の扱い方を見ていると私にはとても新鮮でした。素材に対して生き生きと、少々無礼なくらいにぶつかっていくのです。私はといえば、学校で教わったままの伝統的な方法で仕事をし、それほど冒険をしていない。グンナルのすることはいつも刺激的で、私の仕事にも少なからぬ影響と助言を与えてくれました。

私の欠点は何かというと、ついつい作品を作りすぎてしまうことです。もっともっとと作品をこねまわしていると、グンナルからストップがかかるんです。「そこでストップ、それ以上作ってはダメだ！ 今が一番いいよ！」って。グンナルは、私が師事してきたどんな先生より、陶芸のことをわかっています。彼のおかげで安心して仕事ができ、芸術面でも大きな支えになってくれました。

私たちが芸術を通じて伝えようとしてきた倫理や美学を、子供たちは誇りに思ってくれていて、それはとても嬉しいことです。子供たちはいつも、グンナルの言うことを注意深く聞いて、尊敬していました。両親二人とも芸術の道を選んでいるという一般的ではない家庭で、きちんと耳を傾けてくれた子供たち。芸術の知識や素材に向かう姿勢を、彼らが受け継いでくれたら嬉しいと思うのです。芸術家の家だけでなく、どんな親でもきっと、子供が自分の足跡にしたがって意思を継いでくれたら嬉しく思うのではないかしら。

もうひとつ、グンナルにとても感謝していることがあります。彼は、私が注目を浴びるのを煩わしいと感じたことが一度もないのです。それどころか、いつも助けてくれました。それを見習って息子たちは自分の家庭でも

グンナルとリサ。フィーカ（お茶）の時間

リサの作品とドライフラワー。茶目っ気たっぷり

自分で編んだセーターを着たリサ

芸術と家族に包まれて幸せな日々

グンナルのアトリエにて、グンナル、リサ、マティアス

男女平等で、お互い助け合って食事を作るし、子供の面倒もきちんとみて、奥さんにも気を配っています。これもグンナルと私から受け継いだことね、きっと。

成長した子供たちは、仕事のよきパートナーに

　今回の展覧会では、コンテンポラリーパートを長男マティアスがキュレーションしてくれています。彼は一人の芸術家として才能があるし、自分の考えをしっかりもっているので、私が意見を強く出しすぎて彼のイメージを占領してはいけないと考えました。でもマティアスと私は、芸術に関して考え方や感じ方がとても似ているので、色やフォルムについても私の思いをすぐに理解してくれてイメージを共有することができるのです。私自身が不確かに思っていることも迷わず聞けるのは、とても助かることですね。アンドレアスにも素材選びを相談することがあります。息子たちと共通の感覚をもち合わせることに、私だけが喜びを感じているのでなく、彼らにとっても同じだとしたら、何より嬉しいのですけれど。

　私の子供たちはどの子もファンタジーにあふれていて、仕事に対しても一生懸命です。今はみな大人になって、ヨハンナはスコットランドに住んでもう20年になるし、それぞれに活躍しています。つくづく素晴らしい家族に恵まれたと思います。子供たちに何か頼んでも私の希望どおりにしてくれるし、親として彼らに対して敬意の念を抱いています。

　ここ10年は、グラフィックデザイナーである娘ヨハンナとイラストやテキスタイルのデザインなどで一緒に仕事をしてきました。特に私の仕事のマネージメントは、すべてヨハンナが取り仕切ってくれています。ヨハンナと私には共通の趣味があるんですよ。それは手仕事。たとえ時間があるときも、私は何もしないでくつろいでいることができないのです。だからもうずっと、家族のためにせっせと編み物をしてきました。着心地のよいニットを、自分の好きな色で好きなように編むって素敵でしょ。ヨハンナが9歳のとき、せがまれて編み物を教えたけれど、彼女はとにかく色の組み合わせのセンスが抜群に良くてね。私が迷っていると「ママ、この色とこの色の毛糸を組み合わせると素敵になるわよ」って。編み物だけで

グンナルの作品に使われる絵の具

グンナルが描いたリサの肖像画は、ヨーテボリの展覧会でも展示された

なく、洋服も随分たくさん縫いました。

夏は自然に包まれた
サマーハウスで

　実は、ストックホルム郊外にある自宅に関しては、さほど興味をもっていないのです。私たちはもう50年間も毎年、スコーネ地方にあるサマーハウスに通ってきました。古い農家に手を入れたような簡単な家ですが、そこに行くといつも最初の1週間は、美しい自然や手つかずの環境に息もつけないほど感動して、何もできなくなってしまうの。1週間が過ぎるとやっと気分も落ち着き、今度はやりたいことがいっぱい！　近くにはマーケットや蚤の市が立つので、古く美しいものが思いがけず安く手に入ることもありますし、マーケットで買った毛糸で編み物をすることもあります。サマーハウスには古い木の梁があり、素直に美しいと思えるものをいろいろ発見できるのです。

　また、私の40歳の誕生日プレゼントにグンナルが造ってくれたアトリエもあるので、そこで仕事もします。このサマーハウスを最初に購入したときは、たぶん20年くらい空き家になっていたためか、納屋は崩れ落ちていたし、母屋の屋根にも大きな穴が開いていて、住めるようにするまでは本当に大変でした。子供たちは当時、ヨハンナが3歳、マティアスはまだ1歳と小さくて。若かったから、大変でも楽しくて、サマーハウスに行けるだけで幸せだったんです。グンナルも、スコーネ地方の美しい景色に心打たれ、いつも風景画を描いていました。

　シンプルで自由な田舎の暮らしと、モダンな環境の自宅での暮らしとは、まったく違うものです。私は昔から古いものが大好きでね、サマーハウスが空っぽにならないように、安いカップやお皿、ほかに家で必要なものを少しずつ、グンナルが蚤の市で買ってきてくれました。だから、少し多すぎるくらい古いものを持っているわけです。古いものには魂があるし、新しく作られたものより美しいと思うのです。それに引き換え、自宅は日常が便利に送れるようにするため、よく考えることなく、物もインテリアも増えていくばかり。だから自宅の取材を受けるときは、少々バツが悪くて。ただ、居間の木製のキャビネットだけは別です。これはアンティーク・メッセで専門家に勧められて買ったもので、カール・マルムステンの作品なので値段は高かったけれど、まったく後悔していません。購入したのはもう20年近くも前なのに、今でも木の良い香りがします。

　ストックホルムにいるときは、制作したいアイデアがたくさんあって、買い物をする時間もないほど。やっぱり、それだけ陶芸の仕事が好きだからかしらね。私の作品を楽しんでいただけたら、何より嬉しく思います。

イヌのユーモラスな表情を描きとめたデッサンの数々

The Chronicle of Lisa Larson
リサ・ラーソン年表

リサとグンナルを囲み、愛する家族が勢ぞろい

森と湖の国スウェーデンの
美しい自然の中で、
豊かな感性が育まれた

		リサ・ラーソン	社会
1931		スウェーデン南部ののどかなスモーランド地方、ハールンダに生まれる。	満州事変。
1933	2歳	妹アンナスティーナ・ヴランゲが生まれる。母親ががんで亡くなる。その後、リサは父親に、アンナスティーナは母方のおばのもとで育てられる。	ドイツでヒトラーが政権を握り、ナチスの独裁体制が始まる。
1937	6歳		日中戦争勃発。
1938	7歳	小学校に通い始める。	
1939	8歳		ニューヨーク万国博覧会(第1回)開催。第二次世界大戦勃発。
1940	9歳		ナチス・ドイツがノルウェーとデンマークに侵攻するが、スウェーデンは中立を維持。
1941	10歳		太平洋戦争勃発。
1945	14歳	父親が製材所を経営していたので、リサは木片をもらい、小さなフィギュアを作って遊んでいた。また、油絵も描き始める。芸術に深い興味をもち骨董を集めていた父親は、リサに創造の才能を見いだしていた。	広島・長崎に原爆投下、第二次世界大戦終了。

		リサ・ラーソン	社会
1949	18歳	ヨーテボリのスロイド フォレーニング学校（現HDKヨーテボリ デザイン工芸大学）入学。ファッションデザイナーまたは彫刻家になることを希望していたが、陶芸科に振り分けられる。たちまち陶芸に魅せられ、この道に進むことを決意する。	
1950	19歳	学校のクリスマスバザーで、クラスの友人たちとともに自作品を売っていたところ、バザーにやってきたヴァーランド絵画学校の学生グンナル・ラーソンと出会い、その夜の学校のダンスパーティーでも一緒になる。	朝鮮戦争勃発。
1951	20歳		フィンランドでマリメッコ創業。
1952	21歳	グンナルと結婚。コミューンによって芸術家たちへ提供された古い家に引っ越し、若い仲間とともに暮らし始める。その後、毎夏フランスやスペイン旅行を楽しむ。	
1953	22歳	陶芸科を修了するが、特別生として大学にもう1年間残る。	ドイツでウルム造形大学開校（〜1968年）。
1954	23歳	卒業後、陶芸家として、ヨーテボリのロェースカ美術工芸博物館でデビュー展覧会を飾る。 ヘルシンキのデザインコンペティションに出品されたリサの花器は、スティーグ・リンドベリの賞を受け、グスタフスベリ社で実習生として1年間働かないかと提案を受ける。 すでに画家として活躍し始めていたグンナルとともに、ヨーテボリからストックホルムへ引っ越し、グスタフスベリ社で働き始める。	
1955	24歳	学生時代にも作ったネコを試作していたところ、リンドベリに「他の動物も」と助言され、最初のシリーズ「Lilla Zoo（小さな動物園）」が誕生、翌年商品化された。 グスタフスベリ社での実習生としての1年が過ぎ、デザイナーとして留まることを提案される。 ヘルシンボリで開かれた国際建築工業デザイン博覧会「H55」の日本館で、日本の工芸品に魅せられる。	スウェーデン国際建築工業デザイン博覧会「H55」開催。
1956	25歳		スエズ動乱。
1958	27歳	「ABC-Flickor（ABC少女）」シリーズを制作し、人気商品に。	欧州経済共同体（EEC）が発足。 ブリュッセル万国博覧会（第4回）開催。
1959	28歳	California State Fair and Expositionで金賞を受賞。	初のICSID（国際工業デザイン団体協議会）総会および世界デザイン会議がストックホルムで開催。 ニューヨークで、フランク・ロイド・ライト設計のグッゲンハイム美術館開館。

飼っていたシャム猫と、アトリエにて

リサの作品のモチーフにも、ネコは繰り返し登場してきた

長女ヨハンナを抱くリサ

	リサ・ラーソン	社会
1960 29歳	長女ヨハンナを出産。グスタフスベリ社が子育てを援助し、世界各国から集まってきた実習生を雇って、半日をスタジオでの仕事、残り半日をリサの子守りにあてる。	
1961 30歳	ヨーテボリのArtiumで展覧会を開催。	ベルリンの壁の建設が始まる。
1962 31歳	ストックホルムのNK百貨店で初めての個展。その際、特に芸術家たちからは、刻みを入れた花器が高い評価を受ける。長男マティアスを出産。	
1963 32歳	The Kiln Club of Washingtonで銀賞を受賞。	アメリカでケネディ大統領暗殺。
1964 33歳	ライオンが象徴的な作品となった、「Afrika（アフリカ）」シリーズを制作、商品化。	東京オリンピック・パラリンピック開催。
1965 34歳	「Stora Zoo（大きな動物園）」シリーズとして、「Mia Katt（ネコのミア）」を制作し、翌年人気商品に。	
1966 35歳	グスタフスベリ社がアメリカで展示会を行なった際、セントルイスのFamous-Barr百貨店で、リサが代表してグスタフスベリ社を紹介する。ラーソン家は長期有給休暇をとってカリフォルニアへ行き、カリフォルニア大学バークレー校の陶芸科教授ピーター・ヴォーコスとともに陶芸制作をする。	中国で文化大革命が始まる。
1967 36歳	次男アンドレアスを出産。	欧州共同体（EC）が発足。モントリオール万国博覧会開催。第三次中東戦争勃発。
1968 37歳	「Samhällsdebatten（社会討論）」と「Tripp Trapp Trull（トリップ・トラップ・トュルル）」を制作、商品化。	
1969 38歳	「Pippi Långstrump（長くつ下のピッピ）」を制作、商品化。ローゼンタール・スタジオハウス主催、デュッセルドルフ、ハンブルクで展覧会を開催。	
1970 39歳	スウェーデンのデザイナー代表団の一人として、大阪で開催された万国博覧会を訪れる。濱田庄司をはじめとした日本の有名な陶芸家に会い、強烈なインパクトを受ける。	日本万国博覧会開催。
1972 41歳	ファエンツァ国際陶芸展で受賞。	
1973 42歳	当時の財務大臣グンナル・ストレング氏の貯金箱を発案・デザインし、どこの家庭でもみられるほどの爆発的ヒットとなる。	

子育てしながら作陶する日々

すくすくと育つ子供たち

ルシア祭の衣装をつけた子供たち。「Advent（アドベント）」シリーズのモデルにもなった

	リサ・ラーソン	社会
1974　43歳	ユニセフのチャリティープロジェクトのために、「All Världens Barn（世界の子供たち）」を制作、商品化。その後、ユニセフ大使となる。ローゼンタール・スタジオハウス主催、アムステルダム、ロンドン、ジュネーブ、ミュンヘンで展覧会を開催。	
1975　44歳	年末、グスタフスベリからストックホルム郊外のナッカへ引っ越し。自宅の階下に、リサとグンナルそれぞれのアトリエを造る。ローゼンタール・スタジオハウス主催、コペンハーゲンで展覧会を開催。	
1976　45歳	北欧の動物シリーズ「Skansen（スカンセン）」を制作、商品化。	アメリカでアップル創業。
1977　46歳		パリでポンピドゥー・センター開館。
1979　48歳	「Advent（アドベント）」シリーズを制作、商品化。西武百貨店で日本初の展示会を開催。	SONY「ウォークマン」発売。
1980　49歳	グスタフスベリ社を退職し、フリーランスとしてスウェーデンの複数のデザイン会社と仕事を始める。同時にユニークピースの制作も行ない、夫グンナルの絵画とともにギャラリーで展覧会を開く。	イラン・イラク戦争勃発。
1981　50歳	ドイツのローゼンタール社からオファーを受け、1〜2カ月に1週間ほどゲストアトリエに滞在して仕事をする。西武百貨店で「スウェーデン女流陶芸家　リサ・ラーソン展」を開催。招待されて、次男アンドレアスとともに東京を訪れる。	
1989　58歳		北京・天安門事件。ロンドンでデザイン・ミュージアム開館。
1990　59歳		東西ドイツが統一。
1992　61歳	グスタフスベリ社の古い工場が閉鎖され、リサはグスタフスベリ出身の二人の陶芸アシスタントとともに、ケラミークステューディオン社を設立する。	
1993　62歳		欧州連合（EU）発足。
1994　63歳	グスタフスベリ陶磁器博物館で個展。	
1995　64歳		スウェーデンがEUに加盟。
1998　67歳	ロンドンのハロッズ百貨店で展覧会を開催（翌年も）。	
2000　69歳		ロンドンでテート・モダン開館。
2001　70歳		アメリカで同時多発テロ事件。

互いに影響を与え合いながら
制作に励むリサとグンナル

毎夏を過ごすスコーネ地方の
サマーハウスで、妹や娘ヨハンナ家族と

サマーハウスの庭にあるアトリエ

長男マティアス（後列左）と
次男アンドレアス（後列右）と一緒に

リサと長女ヨハンナ

かわいい孫たち

はっぴを着てご機嫌なリサとグンナル

ヨーテボリで行なわれた展覧会で長女ヨハンナと

	リサ・ラーソン	社会
2003　72歳		イラク戦争勃発
2005　74歳	リサの作品を網羅した本『Lisa Larson:bland lejon och änglar』がスウェーデンで出版され、新聞や雑誌でも多く取り上げられるようになる。 雑誌『ELLE DECOR JAPAN（エル・デコ ジャパン）』（ハースト婦人画報社）の編集部が、スウェーデン南部スコーネ地方にあるサマーハウスに滞在するリサとグンナルを訪ね、そのライフスタイルを日本に伝えるための取材を行なう。	
2007　76歳	日本のデザイン会社から連絡を受け、デザイナー・佐々木美香氏（トンカチ）との仕事を始める。初めて粘土以外の素材を使ってキーホルダー「ミニアニマルシリーズ」をデザインし、後のリサ・ラーソン ジャパンシリーズにつながる。	
2008　77歳	日本初の作品集『リサ・ラーション作品集　スウェーデンからきた猫と天使たち』（ギセラ・エロン著、平石律子訳／スパースシャワーネットワーク）が出版される。 娘ヨハンナとのコラボレーションで、イラストの「マイキー（と仲間たち）」が誕生する。	
2009　78歳	雑誌『giorni（ジョルニ）』（実業之日本社）で、作品と暮らしを取材した特集が掲載される。	
2010　79歳	グスタフスベリ陶磁器博物館で、リサの回顧展が開催される。初日の来館者数が記録的となる。 娘ヨハンナとコラボレートした絵本『BABY NUMBER BOOK』『BABY COLOUR BOOK』（いずれもトンカチ）が出版される。	上海国際博覧会開催。
2011　80歳	雑誌『giorni（ジョルニ）』（実業之日本社）で、連載「リサ・ラーソンさん 季節の日記」がスタートし、2015年まで続く。 ほかにも日本からいくつもの出版社が訪れ、ムックや書籍が多数出版されるようになる。 娘ヨハンナとともに、プリント布のデザインを手がける。	東日本大震災。
2014　83歳	代表的な作品が一堂に会する展覧会「リサ・ラーソン展」が日本で開催される。東京の松屋銀座を皮切りに、大阪、滋賀、名古屋、群馬、札幌、福岡など翌年にかけて全国7カ所を巡回する。	
2015　84歳	リサのデザインをもとにモニュメント「生命の樹」が制作され、滋賀県立陶芸の森美術館に寄贈される。	
2016　85歳	ヨーテボリのロェースカ美術工芸博物館で、回顧展「リサ・ラーソンの作陶60年」が開催される。	

Design: Koji Oka	デザイン	岡 孝治
Photo: Alvaro Campo	写真	アルヴァロ・カンポ
Produce: Seiichi Izawa	プロデュース	伊澤誠一
Text: Love Jönsson	原稿	ルーヴェ・イョンソン
Mattias Larson		マティアス・ラーソン
Translation,Text: Sonoko Sato	翻訳・原稿	佐藤園子
Editing: Hideko Nakahara	編集	中原ひでこ
Chihiro Ishitobi		石飛千尋
Proofreading: Taeko Hattori	校正	服部妙子
Special Thanks：The Röhsska Museum	特別協力	ロェースカ美術工芸博物館

北欧を愛するすべての人へ
リサ・ラーソン展

2017年9月13日　第1刷発行

著者　　リサ・ラーソン
発行者　佐藤 靖
発行所　株式会社 大和書房
　　　　〒112-0014 東京都文京区関口1-33-4
　　　　電話 03-3203-4511

印刷／製本　凸版印刷株式会社

©2017 daiwashobo,Printed in Japan
ISBN978-4-479-88046-2

乱丁・落丁本はお取替えします
http://www.daiwashobo.co.jp